En couverture : *Tamise*, Jean-Claude Pirotte (acrylique sur toile)
979-10-97127-21-3

LES POÈMES DE JULIUS WHITE

Traduits de l'anglais
par Ange Vincent
(Jean-Claude Pirotte)

la Grange Batelière

Sweet Thames, run softly, till I end my song

T. S. Eliot, *The Waste Land*

qui se nomme noir est toujours blanc
je m'appelle blanc je suis noir
comme neige noire des docks
et mon âme sombre chatoie
sur l'huile grasse du fleuve
ne me demandez pas de vivre
dans la lumière des saisons
je serai vivant au-delà des nuits
parmi les prostituées noires

regard d'aigle et serres de vautour
il y a des images qui puent
la charogne mais je préfère
celle du corbeau solitaire
ou l'appel du butor au loin
quand la brume sur le polder
dérive avec le crépuscule et noie
dans ses plis les derniers naufrageurs

j'ai lu dans mon enfance
des livres vertueux
je les ai déchirés
car le mal s'y logeait

et j'ai frappé mon père
avec ses propres armes
ce n'était pas mon père
mais un blanc pernicieux

parfois la ville est d'un rouge ancien
couleur des vieilles cicatrices
le ciel au loin sur la Tamise
s'effondre comme un mur de briques
et je m'arrête au pont de Battersea
j'attends le prochain incendie
ou le passage d'une fille bottée de cuir

Julius White bon pour les verges
trempées dans le vinaigre
à l'école de grammaire blanche
et de la correction publique

mais Julius Black un pseudonyme
qui ne fait rire personne
la nuit dans Blackfriars ou le long
du fleuve noir d'hiver et de suie

la nuit sans cagoule et sans gants
mais armés de crocs et de pinces
nous marchons sur les pontons branlants
que protège le brouillard dense

la lanterne à la grille du refuge
éclate comme une orange pourrie
et nous brisons les cadenas des cages
afin que libres soient les chats et les chiens

mon amie Amanda n'est ni blanche ni noire
elle a le regard vert comme le rayon vert
qui dans le soir fulgure et saisit l'estuaire
c'est l'heure de quitter les usines déchues
en remontant le fleuve et ses déchets flottants
et d'aller rencontrer les cadavres nocturnes
dans les quartiers secrets où la loi c'est le crime
et les témoins sont les noyés de la Tamise
alors elle dira si jamais tu m'épouses
je me nommerai White et ne serai plus noire
d'avoir marché vers toi dans les matins sanglants

le monde j'entends les gens
dire qu'il change mais Londres
l'air de Londres le froid de Londres
ne cessent de déteindre sur moi
de plaquer sur moi le coton
blanc sale et jaune du crachin
comme si moi aussi je devais
changer de peau non de destin
car déjà je suis un fantôme

et sous le ciel marécageux
je cherche la fille noire au sourire
lumineux comme les légendes
d'un pays d'ancêtres pensifs

je ne sais rien d'elle et pourtant
je la vois avancer dans mon rêve
et me regarder dans les yeux
mais soudain détourner la tête

elle enjambe le parapet
et se jette du pont dans le fleuve
ainsi s'achève le rêve
au bord visqueux du fleuve

c'est dans une autre vie que j'ai grandi
sans mourir et ce n'était pas simple
couteaux battes chaînes les poings serrés
les têtes dures la fatalité des coups

c'est dans une autre vie si pareille
à celle-ci les ruades les traquenards
au fond des entrepôts en ruine
et les yeux des rats dans la nuit

je ne sais si ma sœur jumelle
que je n'ai jamais vue
tapine au coin des rues
de Poplar ou Whitechapel

toutes les filles sont mes sœurs
fragiles et téméraires
depuis les sources du temps
qui se déversent dans le fleuve

un homme qui fumait la pipe
un soir dans l'Île aux Chiens
m'a dit *l'Angleterre est*
le pays des belles servantes

j'aimerais tellement rompre
avec la ville emmener Amanda
vers la plus haute mer hélas
Amanda n'existe pas ailleurs
que dans les ruelles fétides

et ses yeux verts étaient fermés
sur l'image d'une enfance engloutie
quand la police l'a découverte
morte et défigurée

Amanda fantôme de pluie
dans le halo des réverbères
s'éloigne se retourne
et puis se met à courir

elle se perd dans les banlieues funèbres
où s'égarent aussi des hommes
qui convoitent l'ombre des proies
les yeux craintifs sont leurs miroirs

ils gémissent comme les vieux pontons
ils longent les docks ils s'incrustent
dans les parois de brique et attendent
l'ultime secours des victimes

dans Hyde Park un soir d'automne
le vent triste balaie les feuilles mortes
on voit vaciller des ombres c'est
le brouillard que le vent déplace
comme des fantômes de pendus oubliés
d'une branche à l'autre en silence
il y a là tout le peuple et l'angoisse
millénaire des enfants perdus de Londres
et la banale inquiétude de l'exil
d'un noir nommé White à Hyde Park

partout maintenant je revois Amanda
il n'y a qu'elle dans l'anonymat
des banlieues infinies de Londres
où toutes les filles au corps souple
se dérobent lorsque je les regarde

mais partout je flaire l'odeur de mort
qui se mêle aux souffles du fleuve
à l'haleine pourrie des entrepôts
aux fumées torves des braseros d'hiver
autour desquels s'assemblent
les fantômes chlorotiques nés du fog

ces fantômes-là je les connais
parfois une fille s'arrête
et tend les mains vers la braise
qui se met à rougeoyer

l'îlotier qui bat la semelle
observe de loin les choses
et la fille lui tourne le dos
en haussant les épaules

Amanda tu étais noire
comme la nuit de ta mort
je voudrais tuer la nuit
je voudrais tuer le jour

une voix qui est la tienne
celle de toutes les mortes
s'élève du fleuve et dit
qu'il faudrait tuer la mort

alors je vais dans les bouges
où la vie est clandestine
la main passe et c'est à moi
de jeter les dés d'ivoire

les dés sont comme les dents
qui brillent dans la pénombre
et la lueur des couteaux
et l'éclair blanc de la haine

avec Amanda je rêvais
de cabotage dans les îles
nous inventions un archipel
en buvant sec dans l'Île aux Chiens

l'avenir faisait des appels
de phare au coin des rues sales
où les filles battaient la semelle
et notre avenir défilait

comme un cortège de noyés
le long des berges qui s'effondrent
l'avenir était le passé
les îles sombraient d'un seul
naufrage en plein silence

combien semble doux le doux sort du berger
quand passent les émigrants
mais de quel berger s'agit-il camarade
et de quels traînards parles-tu

je parle d'un poète nommé William Blake
et d'une fille des rues qui me le fit lire
un soir mélancolique où les clochards grognaient
dans le terrain vague voisin, et que la vie
semblait s'éteindre avec les feux du couchant

Amanda ma vie aussi
s'est éteinte avec la tienne
or je m'obstine à marcher
dans les rues nocturnes les parcs

entraîné par cette illusion
qui ne serait que mon ancienne
et tenace illusion de vivre
à tes côtés comme ton ombre

je vis au fond d'un paysage
anonyme d'un autre siècle
il y a des usines mortes du sang
séché sur le bois des portes
dévergondées depuis cent ans

et la peinture est bitumée
comme si le peintre savait
la future noirceur du crachin
l'absence de ciel la débâcle
vertigineuse du temps

ce soir je vais me cacher
pour lire un roman noir
et peut-être aussi le vivre

on ne sait ce qui peut surgir
des nuits de Londres du brouillard
et des silences discordants

on ne sait de quel crime les
images sont inspirées
ni quels meurtres accomplis
sont encore à découvrir

c'est comme si je tenais un journal
où seul le brouillard est présent
et qu'autour de moi les fantômes
lisaient par-dessus mon épaule

la certitude d'être jeune
et le sentiment d'être vieux
se reflètent dans l'eau du fleuve
à condition de s'approcher
du miroir où tout se confond

et comment pourrais-je savoir
à quel oracle m'adresser
quand le vent chasse le brouillard
les fantômes et le passé

un jour au policier soupçonneux
j'ai dit que j'avais les mains blanches
il a eu l'air stupéfait
avant de se mettre à rire
dans sa barbe et d'appeler
ses collègues de permanence
il m'a proposé du café
tu le veux noir je suppose
mais prends bien garde
il risque de te tacher les mains

j'ai répondu c'est donc si dangereux
de boire en votre compagnie
alors j'ai renversé la tasse
il m'a fait conduire en cellule
à coup de matraque

ma tristesse est d'abord une compagne
mais elle ne résiste pas au demi-jour carcéral
je ne réussis plus à la tenir en moi
comme on garde l'image d'un enfant mort

au contraire elle veut s'épanouir hors de mon corps
elle veut coller des placards sur les murs
et se livrer à l'art du graffiti
et s'accrocher de force aux barreaux graisseux

elle veut ce qu'elle veut avec une colère
que je suis incapable de maîtriser
alors elle s'échappe et me couvre d'insultes
en proclamant sa liberté dans la puanteur des cellules

c'est un peu tôt pour écrire ma biographie
mais c'est que j'ai vécu plus que mon compte
et je suis né ici et là, à diverses reprises
je n'en ai pas l'air mais j'ai plus de cent ans
mais moins de souvenirs que si j'avais mille ans
je ne serai jamais jamais Baudelaire
ma mort me saisira dépourvu de mémoire
comme au premier jour bien qu'au premier jour
déjà je souffrais de savoir que rien
rien ne me serait épargné parmi les souvenirs
futurs et les horreurs de la survie

quand je prétends ne me souvenir de rien
entendez que je me souviens du pire
et que je ne cesse de regarder ailleurs
où se démènent toujours la vie belle et l'horreur

comme Christopher Smart je pourrais dire
car je ne suis pas sans autorité dans ma captivité
mon autorité c'est la connaissance des rats
le souci taraudant de la fréquentation des mortes

la soif de vivre et la fascination du vide
et le refus absolu de toute philosophie
comme le déni brutal des disciplines acerbes
et de tout ce qui troue l'esprit par la pensée

tout ce qui contrarie le vertige admirable
de n'être rien qu'une ombre appareillant
avec la marée sur le plus méprisable esquif
afin de se perdre au lointain des estuaires nuls

I

la prison c'est une assemblée de poètes
un repaire de visionnaires et d'illusionnistes
parfaitement adaptés aux circonstances littéraires
qui fondent leur fraternité très offensive
et leur combat de chaque instant
en vue d'instaurer la cité idéale du crime
entre les murs d'une cantine exigüe
et ceux de la promenade pleine des crachats du ciel

chacun se retire à la nuit dans un grand carillonnage
de clés et de verrous et chacun se consacre alors
à élaborer en secret sa part de l'œuvre collective
bien qu'il arrive que l'un ou l'autre commence
à chanter sans préavis la lente mélopée qui peu à peu
éveille un accompagnement de coups frappés en cadence
et d'étage en étage une épiphanie célébrée
en caractères de morse et de tuyaux d'orgue
rassemble les âmes errantes des vivants et des ancêtres

que cela soit désigné du nom d'émeute ou de fête
importe à peine, le sentiment de vivre au-delà
des lumières de la raison des ténèbres de la confiance
exalte les voix qui s'accordent aux échos d'un monde
absolument pur au cœur du pénitencier détruit
par les sursauts d'ouragan d'une poésie efficace
et que cela crie le besoin de sang et d'amour
nous le savons enfin car cette heure est la nôtre

et le martèlement d'une course d'esclaves en uniforme
et le ululement des sirènes le claquement des matraques
les grincements aigus des portes métalliques les sifflements
des grilles malmenées s'exaspèrent afin de donner
au chant du crime à la célébration de la lie
une beauté souveraine et indestructible alors
l'univers épanoui de la misère la plus fertile
s'embrase illuminant la nuit les rats victorieux

II

c'est en prison que je lis le *de profundis* de Wilde
mais ce n'est qu'une édition expurgée
peut-être parce que le directeur pense ainsi
que tous nous tuons ce que nous aimons
comme l'enseigne Wilde dans la *ballade*
bien — mais que le directeur se rassure
nous ne l'aimerons jamais assez pour l'occire

on ne choisit pas sa cellule et pas davantage
les raisons qui nous inspirent un crime ou l'autre
j'aurais aimé que me soit assignée la cellule
trente-trois comme celle de Wilde à Reading
il n'y a peut-être plus de cellule trente-trois
dans aucune geôle d'Angleterre comme il n'y a
jamais de chambre treize dans les hôtels borgnes

nous sommes ici de l'autre côté du ciel
entre le diable et la profonde mer bleue
nous gueulons notre histoire aux murs sales
et nous aimons toutes les femmes tous les hommes
les putains les gitons nos sœurs nos frères d'enfer
et de lumière nos pareils aux chairs brûlées
between the devil and the deep blue sea

ô Lord toi qui fais la nuit trop longue
nous portons le manteau déchiré de ta gloire
et les brûlants oripeaux de ta haine
ainsi nous t'enchaînons avec nos propres chaînes
à tous les petits matins quand grince le bois noir
du gibet et que nous devenons nous-mêmes
les sublimes bourreaux de ton exécration

nous sommes ici dans la terreur du renoncement
nous sommes ici dans les délices de la honte et du sang
nous sommes ici sur le fallacieux chemin de Damas
nous sommes ici dans la turpitude et le vice
qui sont nos vertus consacrées nos vertus admirées
nous sommes ici dans l'ordre suprême et la gloire
et l'épouvante de nos saintes faces couturées

III

nous qui sommes les êtres honnis par excellence
nous qui trempons nos mains dans le sang
de tous les innocents de la terre ah les victimes
ont bon dos les victimes sont blanches comme lys
et nous sommes noirs d'une irréductible noirceur
et pourtant nous voici réunis en vue de notre
retour à l'ordre et à la paix sociale

nous voici justement adonnés à la proximité
à la compagnie carcérale rédemptrice
et nous hurlons d'un rire horrible à l'annonce
de l'élargissement prochain d'un des nôtres
car ici nous sommes idéalement libres
et dehors nous attendent de pied ferme les emprisonneurs

nous les fauves en cage la liberté nous fascine
et libres nous broierons les os de nos libérateurs
car la liberté grande est notre seul salut
le crime et la colère nos universités
la honte et le refus nos habits de lumière
et nous irons bravant les interdits funèbres
assister jubilants à notre propre enterrement

où nous entonnerons que *dieu sauve la Reine*
sur l'air des lampions les morts se souviennent
tous les taulards des nécropoles se lèveront
en ce jour du Jugement où seront seuls sanctifiés
les emmurés les enchaînés les relégués
de la terre des morts s'élèvera le chant
de la vie éternelle à la gloire des proscrits

car je n'ai pas dit mon dernier mot
j'irai me recueillir sur la tombe
à peine défleurie du cimetière d'East Coker
avec l'illustre défunt je converserai
comme si nous n'avions jamais cessé d'être
fidèle à la mémoire de cette *terre vaine*

où se dénouent avec désespoir les amours
et se cherchent les corps dans les laisses de mer
dans les brumes marines et dans les ouragans
de l'Histoire universelle et singulière
qui retentit de ricanements et de cris
parce que toute patience est engloutie

c'était l'avril le plus cruel des mois
selon le poème que je lis en cellule
grâce au seul poète débonnaire du siècle
car il ne faut pas croire que j'étouffe
mes espoirs et mes peurs dans le nœud carcéral

au contraire il est un lieu que je révère
et c'est ce lieu précisément choisi pour moi
par la divinité vengeresse et ridicule
qui nous mène à nos destins revendiqués
comme la plus désirable fortune en ce monde

répète après moi gardien des lois futiles
nous qui vivions voici que nous allons mourir
et chante l'hymne absolu que j'enseigne
à tous les pareils promis au sort le plus néfaste

il n'y aura jamais que l'horreur de l'enfance
la tendresse des coups reçus pour notre bien
l'exquise caresse des sangles la douceur
des plaies et la fierté des cicatrices

les traces des blessures sont de lointains poèmes
que l'on se récite en secret dans le noir
et que l'on découvre à l'aube sur le corps
de la putain triste ou l'éphèbe décharné

car tous nous portons l'œuvre de nos joies
sur notre peau striée qu'elle soit blanche ou noire
et sur nos sexes dévorés par le désir de mort
et sur nos traits meurtris qu'exalte le miroir

mais que tu sois mort dans la fange
n'empêche pas tes yeux de s'éveiller
aux charmes des prés bleus que balance
une brise étonnée d'être vue

comme une jeune fille d'être aimée
de toi comme une sœur en ce pays
que tu ne cesses de rêver ou
d'inventer à la lueur des lunes

ce que tu vois n'a pas de sens
et c'est pourquoi tu vis
en dépit du temps et des débris
que la mémoire abandonne
au bord de ce paysage nu

et si tu revois le crachat de coucou
entre deux branches du vieux saule
sache que se tient là le philène écumeux
il est chez lui dans Hyde Park davantage

que toi davantage que l'ombre
et le soleil des étés alourdis
davantage que le dieu des Esprits
et des nombres qu'adorent tes aïeux

dans l'île inconnue où naissent
les vents berceurs et les filles brunes
et les désirs implacables d'ailleurs

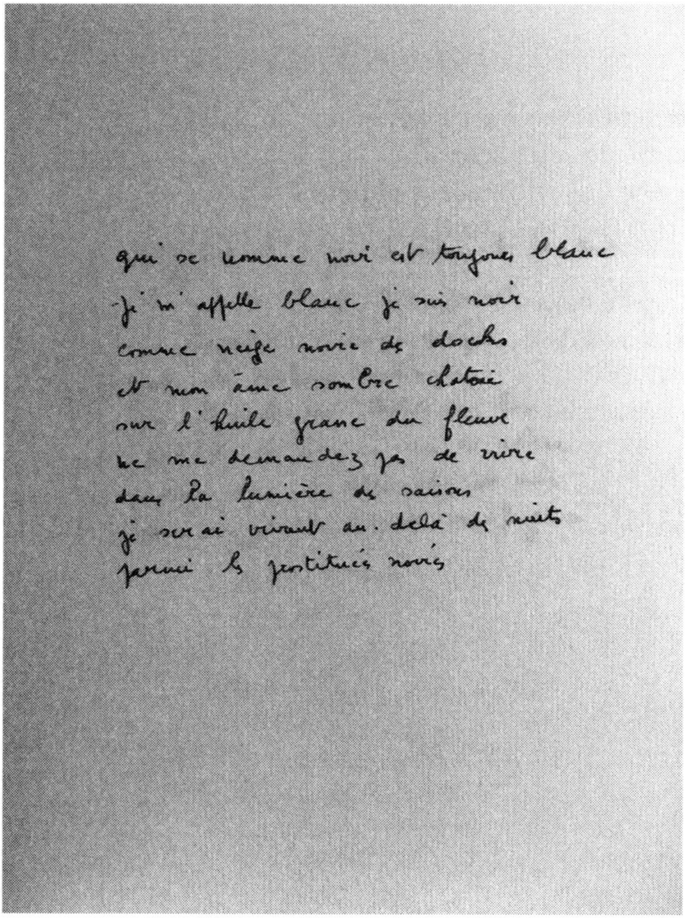

qui se nomme noir est toujours blanc
je m'appelle blanc je suis noir
comme neige noire des docks
et mon âme sombre chatoie
sur l'huile grasse du fleuve
ne me demandez pas de vivre
dans la lumière des saisons
je serai vivant au-delà des nuits
parmi les prostitués noirs

Premier poème du carnet original.

ŒUVRES DE JEAN-CLAUDE PIROTTE

Goût de cendre, 1963 | ***Contrée***, 1965 | ***D'un mourant paysage***, 1969 | ***Journal moche***, 1981 | ***La Pluie à Rethel***, 1982 | ***Fond de cale***, 1984 | ***Un été dans la combe***, 1986 | ***La Vallée de Misère***, 1987 | ***Les Contes bleus du vin***, 1988 | ***Sarah, feuille morte***, 1989 | ***La Légende des petits matins***, 1990 | ***L'Épreuve du jour***, 1991 | ***Fond de cale***, 1991 | ***Récits incertains***, 1992 | ***Il est minuit depuis toujours***, 1993 | ***Lettres de Sainte Croix du Mont*** (avec des photographies de Jean-Luc Chapin), 1993 | ***Plis perdus***, 1994 | ***Un voyage en automne***, 1996 | ***Cavale***, 1997 | ***Boléro***, 1998 | ***Faubourg***, 1997 | ***Le Noël du cheval de bois***, 1998 | ***Mont Afrique***, 1999 | ***Autres arpents***, 2000 | ***Enjoués monostiches*** (avec Jean-Marie Queneau), 2000 | ***Ange Vincent***, 2001 | ***Les Chiens du vent*** (avec Pierre Silvain), 2002 | ***Rue des Remberges***, 2003 | ***Un rêve en Lotharingie***, 2003 | ***Dame et dentiste***, 2003 | ***Fougerolles***, 2004 | ***Chemin de Croix*** (avec Sylvie Doizelet), 2004 | ***La Boîte à musique***, 2004 | ***Une adolescence en Gueldre***, 2005 | ***Un bruit ordinaire*** (suivi de ***Blues de la racaille***), 2005 | ***Expédition nocturne autour de ma cave***, 2006 | ***Hollande***, 2006 | ***Absent de Bagdad***, 2007 | ***Passage des ombres***, 2008 | ***Avoir été***, 2008 | ***Revermont***, 2009 | ***Le Promenoir magique et autres poèmes 1953-2003***, 2009 | ***Voix de Bruxelles*** (avec Hugues Robaye), 2009 | ***Autres séjours***, 2010 | ***Les périls de Londres*** (avec des photographies de Sylvie Doizelet), 2010 | ***Cette âme perdue***, 2011 | ***Place des savannes***, 2011 | ***Ajoie***, 2012 | ***Le Très Vieux Temps***, 2012 | ***Vaine Pâture***, 2013 | ***Brouillard***, 2013 | ***Gens sérieux s'abstenir***, 2014 | ***Portrait craché***, 2014 | ***À Saint-Léger suis réfugié***, 2014 | ***Une île ici***, 2014 | ***Le Silence***, 2016 | ***Il y a*** (avec des peintures de Didier Cros), 2016 | ***Plein emploi***, 2016 | ***Traverses***, 2017 | ***Jours obscurs***, 2017 | ***Je me transporte partout, 5 000 poèmes inédits (2012-2014)***, 2020.

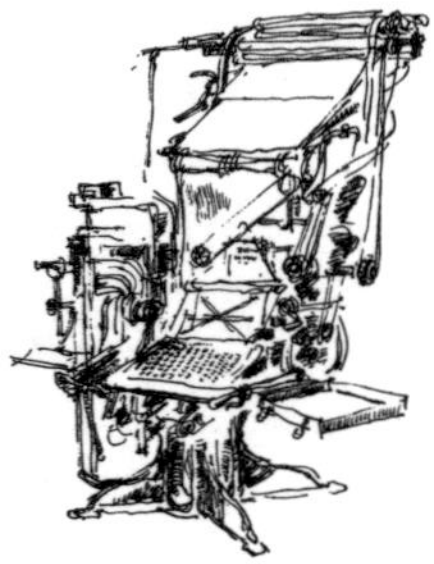

Ce dix-neuvième titre
des éditions la Grange Batelière
a été achevé d’imprimer sur les presses
de l’ mprimerie Floch
à Mayenne, en août 2021.

Dépôt légal : septembre 2021
Numéro d’impression : 98681